Eripterius

Mika Seppälä
Eripterius

FSC
www.fsc.org
MIX
Paperi vastuul -
lisista lähteistä
Paper from
responsible sources
FSC® C105338

Kansi: Mikko Vikman

Kustantaja: BoD • Books on Demand GmbH, Helsinki, Suomi
Kirjapaino: Libri Plureos GmbH, Hampuri, Saksa

ISBN: 978-952-80-8374-0

Sisällysluettelo

Illuusio

Illuusio 15
Epäusko 16
Hätävalhe 17
Huolto 18
Pertigus 19
Lounastunti 20
Ikoni 21
Huutista 22
Konsertti 23
Aatto 24
Kiiski 25
Mulkku 26
Pantti 27
Ristiriita 28
Rikostausta 29

Ego

Kauhukomedia 33
Armada 34
Kauna 35
Hanskat tiskiin 36
Mörkö 37
Kusivehkeet 38
Kaipauksen tuuli 39
Ajatusmylly 40
Hurvittelua 41
Horna 42
Karma 43
Lepotila 44
Kertosäe 45
Näppärä 46
Ego 47

Koodi

Periaate 51
Nousukausi 52
Sekamelska 53
Murhe 54
Myytti 55
Hauras 56
Mitä vittua nyt taas 57
Absurdia 58
Leima 59
Koodi 60
Jatkoaika 61
Oikea 62
Hiekkalaatikko 63
Katumus 64
Roina 65

Risteys

Epävakaa 69

Risteys 71

Ratkaisu 72

Sinetti 73

Rouhe 74

Räväkkä 75

Soma 76

Laumaeläin 77

Tarkkailussa 78

Tirehtööri 79

Kehykset 80

Piina 81

Kroisos 82

Neito 83

Asenne 84

Reissu

Sotatanner 89

Suvanto 90

Syntyperä 91

Toiveajattelua 93

Älämölö 94

Utopia 95

Yhdyntä 96

Tausta 97

Toiveunta 98

Unelma 99

Tietokanta 101

Apollo 102

Uusi aika 103

Seinämä 104

Reissu 105

Illuusio

Illuusio

Yksinäisyys
syy kuolla, syy havahtua
viikonlopun lomamatka taattu
aamiainen ja aktiviteetit lisähintaan
hermoja raastava asiakaspalvelu tulessa
eikä siinä vielä kaikki
menetin huoneeni ilman korvauksia

Mitä vittua
kusetuksen tuulimyllyt viirinryöstäjinä
oisko vuorostaan aika katsoa peilin
pakkomielteistä kämppistä taas saa vetää turpiin
herään kylpyammeesta leivänpaahtimen kera
hupsista saatana

Epäusko

Olen, en ole
miksi, mistä vitusta minä tiedän
vastaukset kysymysten johdonmukainen selitys
selitä, kerro minulle tarinasi
se jälleen on tuntematon
rehellinen vittuilu tepsii
kiitoksena silmät sinitaivaan

Punameri vaeltaa laaksoni kommuuneihin
koska alan oppimaan, ymmärtämään
asiaton asia tiedon puun juurella
itkuisen virneen ja surullisen naurun saralla
päälaellaan on maailmain
tähtiä ja universumeja täynä
kaikki kuulemma loppuu
mikä siis äärettömän takana

Hätävalhe

Oopus algemus tai jotain sinne päin
mitään käryä liittimissä
data määrittää painoyksikön
olen kuulemma liian lihava
supistun kuin puolikuu enkeleiden saapuessa

Huolto

Länteen karkaava,
          pohjoisesta syntynyt uusi saarnaaja
mielesi hallussa kompakti lautasmalli
lyhyempi ompi talon sisäinen pimeys
neliöt tunteita neurologiassa
siihen luotan että tästä lamaannun
remppaa, tuunausta
toiveajattelua saada lekasta päähän

Pertigus

Viidestä tähdestä muodostan pertiguksen
tuon ikivanhan kansantarun jonka mukaan
        voin todistaa kuolleiden markkinoita
ylihintaista rojua ja törkeän räikeää sakkia

Torilla lantti katti ruoskii
        joka toista vastaantulevaa
korsetteja kantavat joutsenet hoilaamassa maansa laulua
harakat jatkuvassa pahan teossa
nuoriso rellestää kylillä
tämä syystäkin on unohdettua historiaa

Lounastunti

Mahtuu näitä rosvoja keskuspankkiin
voimaa kerätään ottamalla lainaa
hyvät moraalit nuorisomme lompakkoa muistaa
korvaas kuiskaan verottajasta
sano vaan kuinka paljon otetaan

Oh my, läpi meni
pilkunnussija Päivärinta kyhnyttää räntäsateessa
pois tieltä sihteeri ja esimies
huutava tarve päästä pienille kolaraidoille

Ikoni

Tulostettu on yksinkertaisuus moniulotteinen
ympärillä lepakoita, pakanoita ja alpakoita
jellona ölisee kuin kuollut olis
          ehkä onkin
jauha sontaa ja kohtalos kohtaa

Koalat kolalla, nallukat kaljalla
tiikerit ihastelemassa uusia uhreja
kotka uljas rohkea kalasoppaa valmistaa
norsu perhe mannerten päällä reivaa
eskimot että pingviinit,
niistä hyvät jäätelöt saan

Huutista

Rauhanomainen sairaanhoitaja piikillä
jo toisen kerran tällä viikolla
jatkuva hiillostus nurkan takana
dokumentit polttorovion lähteenä
samoin kaksoset ja muistot valokuvien

Todellisuutta paeten negatiivisen mielentilan
vaalimana vaalimainoksena
tuhansia ääniä petoksen jatkokauden puolesta
leikataan raajat kuin tulot vähäosaisten
totesi hallitukseen noussut politiikan ammattilainen
sen kestämme kuin saunakivet
paskan hikisen yhteiskunnan yllä

Konsertti

Ei ihmiset susta välitä, perusta
ainut mitä tulee vaalia on oma selusta
käytetään, syrjitään
se edustavaa on
se takaa meille hyvinvointi valtion

Sorrutaan viinaan, huumeisiin
korruptoidaan kaikki samaan muottiin
hoilataan kaikki samaan nuottiin
se kuuluu maailman ihmeisiin

Aatto

Aika kellosta karannut
kuin ruumis sielun ympäriltä
kuka on tämä kaikki tietävä
mikä oikea päämäärä
uinuvat untuvikot sängyn pohjalle käpertyneet
tuoreisiin multiin istutettu kuihtuneet kukat

Tasapaino mielenhallinnan ohella sortuu
ideologia aallon päällä horjuu
kunnia häpeän veli
soimaus saarnan etuseteli
huono itsetunto masennuksen generaattori
ei sitä perkelettä pysäytä edes terminaattori

Ajan kuluessa toivun
elvyn, hengitän
kohtaan elämän

Kiiski

Näihin teksteihin tarvii selitykset
kansakunnan aapinen hyödytön
uhoavat veljeskunnat valtaamassa hiekkalaatikot
siunattu on vastarannan kiiski

Mulkku

Hedelmöitetty on keskustelupalstat
apinat jälleen vauhkoina
tarut tarunhohtoiset
mulkut riehumassa anonyymeinä

Elämä yhtä piirrettyä
joka päivä joku kuolee
eräjormat varisseet puiseen hökkelöönsä
koivusta rakensin hyvän uurnan
tuhkat puolestaan päätin syöttää naapurin pojalle

Toinen toistaan katalammat taka-ajatukset
reaktiovyöhyke saavuttaa energianlähteen
antakaa sen olla
naitu hänet on poran terällä

Pantti

Altistun keskinkertaisuudelle
karnevaalille jokavuotiselle
ei se lopu, hellitä
uusi mahdollisuus koittaa ennustajan edessä

Kaksikymmentä avainta
kahdeksan ovea
kolmesta eteen, viidestä taakse
selviän neljä varttia kunnes yllättäen pyörryn
nestehukka vei loput voimat

Nyt tipassa, mökki täynä toivoa ja tarmoa
mutta entäs usko
se piru katos metsiin
hän odottaa että lähden sitä etsiin
hänen äänestä aika alkaa ja päättyy

Ristiriita

Tuhkikseen loput jämät

sitten taas vittusillaan viihteelle

ei loppua tuu

addiktio erektio

Rikostausta

Hampunsiemen kasvaa keittiöparvella
jo kolmatta viikkoa odotan
          et susta eroon pääsen
odotuksen tuska kaunista klassista korvillein
lärviäni näytän ulkoilmassa
kuin maalitauluna siihen päättää lokki paskantaa
no vittu, tarpeensa kullakin

Ego

Kauhukomedia

Vitutuksen atmosfääri päälaellaan
naurattaa niin että kusen housuun
jeparit taiteen perästä operaatiolla
nostetaan sille malja

Turvallisuus puuttuu omasta nupista
kasvan umpeen kuin siitetty salamanteri kevättalvella
karanteenikeskuksen tirehtööri
    taas hukassa lomamatkalla

Nuudeleista ja puudeleista hyvä soppa
päivästä toiseen ylläpidetään
    kiehtovaa kiusaamiskulttuuria
kivat on koulut kun turpiin saa välitunnilla
mihin vittuun olemme menossa
rukoilen et mustaan aukkoon
    jotta tämä paska loppuisi

Armada

Runnon ihoni uudesta lihasta
lintupesän huulien suusta
luodista kuulemma pitäis päähän saada
syntiä on ruokkia koiranpentuja karjalaitumella

Kadehtija repii kädestä, janoaa mainetta himottua
vedän sitä turpaan ja lähden himaan narun jatkeeksi
dopamiinitehdasosakkeet laskussa
ketäs siitä vuorostaan syyttää saa
työväentaloa, pornotähtiä
someettista yhteiskuntaa

Kauna

Itsetunto huorattu ja ryypätty
syrjään heitetty muutaman euron tähden
nyt ikuinen pummi, kummi jota vierastetaan
hörhö joka elää omassa maailmassaan
janoten salmaria, fanittaen jalmaria
en ole hyypiö, nössö räkänokka
ainoastaan sisällepäin kääntynyt työtön rotta

Silti olen ihminen samanvertainen
siitä olet kateellinen, et pysty sitä hyväksymään
toisilla menee paremmin
joten keskity vaan itseesi
kukaan ei piittaa vitutuksestasi
eikä manauksesi paljoa paina
joten pyydän
lopeta

Hanskat tiskiin

Liukas on meno kun janoan uutta satsia
ei tässä perseilyssä oo mitään tatsia
aina pitää juoda viikonloppu humala
ja yhteiskuntaa manata, kirota
ehkä nupista löytyy viisaus saatikka järki
mutta ne paskanen itsetunto särki

Mörkö

Tunteikas pelkuri
vetää pillurallia kuin mikäkin kojootti
c-kassulta kasari rokki taustalle
klamydia huutaa haaroissa
        kuin joukahainen tien laidassa

Tunti aikaa varattu tinderiin
kallo murjottu täyteen idiotismista
sähköistä romanssia on vain leffoissa
todellisuus heijastuu sohvaperunoina paskan hajussa

Kusivehkeet

Ajetaan hiljempaa
jo kymmenen mummoa tien pinnassa
pysäkki just sopivasti
samalla vois kävästä tankilla

Ylihintaista kahvetta ja kuivatkin on pullat
mikään ei koskaan onnistu
vänkäri kuorsaa kuin katujyrä
panttivanki bunkassa, rahat hukassa
ja nyt jeparitkin morjestaa
hieno homma Hermanni

Kaipauksen tuuli

Psykoosissani todistan punalyhdyt
kolmannessa persoonassa muodostuvan
          moniulotteisen draamankaaren
materiaalin tunnistan kaakeliksi
hengenlähtö periaatteeksi

Kahvi, rööki ja humala
vielä kun sais heroinia
suihkun lattialla kyseenalaistan viemäriverkostoa
kilpikonnat sieltä vilkuttaa
hukkuminen omaan kipuun
tavanomaiseen elämään

Ajatusmylly

Yhtiön kokouksessa tulimme yksimieliseen päätökseen
on aika provosoida sirutabletteja
eskaloitu reviiri olikin tyhjiöpakattu
yritysvoitto uudelle vuodelle taattu
urea spray uusi makeinen
gneissi fruitti uusi hitti

Hiilijalanjälkeni maalatun musteen mittainen
tapetit kuvottavat kuin
        henkilökunnan tarve ylläpitää salaromanssia
kassakoneet dysfasian
hulivili vailla haalareita

Kuukausilaskun saadessani
        päätän poistua vähin äänin
menköön konkassa olevan firman piikkiin

Hurvittelua

Öljyväylä ämmänpolulla kietoutunut ympärilleni
parrakkaat miehenalut hurvittelemassa festarihumussa
sumussa alkoholin ja pillun puutteen
huilunsoittaja Hurmeinen taas jäi suustaan kiinni
ei sitä ryypiskelijää nähdä enään tänä iltana

Asperiinilla kerään tietoa varakkaista poukamista
aivovaurio vaanii kuin ahdistelijat perämoottorissa
soutuveneellä salmeen, hyvät oli pippalot
norpat nuo taivaan torpat torviorkesterina
esiintyjänä tänään vuorostaan rapukuningas Sulander

Horna

Ahdistuksen arkikielessä viikko vuoden vertainen
turvavyöt ylle, heitän peiton päälle
en nouse muutamaan päivään
en syö, saa nukutuksi
selaan vain mielikuvitukseni luomia
          varjohahmoja pimeässä
kasvot vieraat ulisevat jatkuvaa avunhuutoa

Havahdun puhelimeni solusointuihin
antakaa mun olla
sähköpostia, läheisyyttä
ei helvetti

Karma

Lääkärin piinapenkissä, uusinta tentissä
miksi taas kerran olen perseillyt
nyt vittu, ettekö tajua vai kuule
ei pillerit ja paskanjauhanta sovi kaikille

Siitä suljetulle päädytään, jaahas
ikuiset muistot, ystävät rakkaat
kaiken kaaoksen keskellä
kusin muroihin ja mokasin pahasti
ja tänä päivänäkin seisot vierelläin

Oi karma, kaunis katkera
älä kuihdu koskaan
sinusta voimaa saan
ainiaan

Lepotila

Pakkopaidassa kiidän kuin länsituuli
huoletonta, harmitonta leijailua
ohimennessäin kiinnitin huomiota vanhaan
　　　　Kolehmaiseen joka päätyy raivo masturbaatiolle

Vittu mitä sirkusta
siat häkeissään rääkymässä
　　　　ja palvomassa paholaista
syntiä pilkattu
kaikki silti on anteeksi annettu

Kertosäe

Luottamuksen punalanka keskeltä katkaistaan
laulu on tullut päätökseen
empaattisuus narkomaanin merisuola
kusi näköjään jo tulee korvista
egoasi vaalit rakkauden nimessä
kiehnäät ja kuhertelet huomion tarpeessa
aina pitää hässiä, saada uutta pässiä

Vittu rauhotu ja ota itteäs niskasta kiinni
on aika sooloilla, keskittyä hyvinvointiin
käydä läpi traumat lapsuuden
jonain päivänä voit olla ylpeästi oma itsesi
autenttinen kuin kertosäe ainutlaatuinen

Näppärä

Rumpalin pestiä pedattiin
hyvä soittamaan kalloja
vituiksihan se meni
käskettiin rimputtaan nylonia
soitan hädin tuskin kahta sointua
punkkari junkkari, ryyppäävä runkkari

Musahommat hoidan lauteilla
ja taidettain tuotan lavalla
massia en kuitenkaan saa, se masentaa
näppärä se silti on sormistaan
huusi manageri bunkastaan
ehkä tätä jatkaa vois mikäli vihtii
ja jos studiolla vaihteeks säilyis sähkötki

Ego

Veden äärellä tuumailen
            kuinka voisimme olla parempia
vaalimatta sotia, perikatoja
pahat teot sallitaan kun sinulle käy jotain
muuten muiden edessä esität viatonta

Kaksinaismoraalista kaislikon suhinaa
janoat vain oikeutta omaa
käsiä joilla taikoa kaikki pahuus pois
jos vaan oma moraali sen sois

Koodi

Periaate

Polvistun kirkkaimman eteen
se minua polttaa, ravistaa
raivo kantaa kuin tyhjä avaruus

Vaikka saisin kaiken takaisin
se ei merkitse mitään
sen menetin, sitä ansaitse lainkaan
suru täyttää kanavat, poukamat kapeakatseiset
päätösvalta minulta pois

Nousukausi

Vaalean tornin musta paroni
hallitsija suruvaatteissaan
kainomieli vuosituhannen kadonnut
rakkaus vain tuulen varjelemaa

Ei enään, koskaan
iankaikkisesti, aina vaan
linnut odottamassa kuoroharjoituksia
elintila laskee nollaan kuin nousukausi

Pinnalla, aalloilla
tyhjyyden alla luon maailmaa
hitaasti vastarintaa kokoamaan
uusi aika on käsillä
pitkävihaisuuden selvillä vesillä

Sekamelska

Satiiriksi hornan kuusen alla muodostun
ajan kysymys vaalien vastaustaan
röyhkeä parrakas vaalien ukkostaan
ja taivaan katto romahti

Kavaltaen maat, metsät
virrat nuo seitsenpäiväiset
perilliset hukkuneet humalaan
sosiopaatin jokavuotiseen juhlaan
hymy heijastuu kun laulu loppuu
toissijainen on viina kun turpasauna kutsuu

Murhe

Mikä on ahdistuksen täsmällinen funktio
mikä hulluuden tilavuusyksikkö
terveyden syndrooma

Vapaana kulkeva lintu aselupaa vailla
riehuun kajahtavat kaunokaiset
pyhästä voimaa hanavedeksi
liian suolaista se on omaan makuun

Myytti

Eteisen edessä karhun talja
siitä isä ylpeästi muistuttaa
voima ja viisaus samassa miehessä
lukuisat laumat häätänyt tiehensä

Pöydän kupeessa vaalii veistään
takkatuliin heittää jo kolmatta miestä
tuumii ja ottaa omansa pois

Tarun lailla häntä pelätään
ei päästä tappaessa ääntäkään
kuin haukka hirven ruumiissa
isä on vuorena metsän uumenissa

Hauras

Kiertoilmauunissa saa kohtuu rapeaa kanssaelijää
muistahan käyttää voita runsaasti
marinoi ja käytä sinappia
keittiökomitea vailla lihaa, uunit tyhjäkäynnillä
raaka-aineet sulaneet vieraiden sisuskaluissa

Oltaisko fiksumpia ja tilataan vaan jälkiruokaa
hermeettinen suklaayllätys paljastui läjäksi paskaa

Mitä vittua nyt taas

Freesi on keissi hunajatalon
pörriäiset viemässä tätäkin oikeuteen
mitään vittu koskaan opita

Omenat täynä suuhun liimautuvia iilimatoja
lihatiski taas kiinni
naapurilla näköjään kidukset
kanalan kanavointi mennyt aivan perseelleen
rintamaito kaikki, piimävelli korvaa
hyvän olon mausteet yllättävästi loppu

Kukkamulta lyöty kahvipaketiksi
nyt sitä epätoivossa ryypiskellään
saippuana toimii
          kiinteä muodostelma sulatettua muovia
siitä haistan sopivan siron aromin
myyjät vaihtuneet kyborgeiksi
älä yritä kusettaa
muuten palautusautomaatti odottaa

Absurdia

Ahdistus, niljakas siskontyttö narkomaani
masennus, veljeni ensimmäinen kaihomieli
stressi sekä vitutus, serkukset kaaoksen
itsetuhoisuus, kuopus herää väärään perheeseen

Resursseja karsitaan juurten kasvaessa
kuuraparta uhmakas vieraissa poukamissa
tädit ja sedät ulvomassa jälkipolvea
sekaisin niin että ehdottaa sisäsiittoa

Mikä helvetti tässä oikein on
miksi he ovat täällä
opetuksena, karmana
oli miten hyvänsä sitä en salli
aion puhdistaa nimeni, sukuni
olla oikea roolimalli

Leima

Liitosta kiitosta
hyväksynnän sinettiä
itken sisukseni kuiviin, hukun erämaahan
huulet muodostavat yksinäisen tuulen
          joka virtaa vuortemme välillä

Rakkaus on viha
kudos ylimääräinen
suotta keskityn olennaiseen
pimeyden kasvot piirretty rakkauden seittiin

Koodi

Krematorion porteilla
havahdun kyvystäin olla itkemättä
jo vuosia, kymmeniä
läheiset kohtaan pelon alttarilla
itsetuntoa olemassakaan
en voi hyväksyä itseäni
koskaan, milloinkaan

Enkö ansaitse onnea, rakkautta
autenttisuus pelkkä sana mietelauseessa
itsetuhoisuus jatkuvasti olkapäällä
siitä eroon tahdon, sitä jatkuvasti tarvitsen

Kuinka saavutan onnen
ikuisen kaatosateen joka luontoa ruokkii
sitä näissä runoissa mietin ja pohdin
jonain päivänä aurinko vastaa
olen valmis, keskitieni pyhitetty luonteelleni
sinua kutsun huomiseksi

Jatkoaika

Kadonneen kaupungin rauniot
luonto vallannut mantereet mainiot
luolamaalaukset todistavat mekaaniset perkeleet
vuosisatoja jatkunut ristiriita, uudet lapset vailla isää
päättymätön on tuhon tie
sen määrittää koneet

Parhaiten aseistautunut on heimopäällikkö
harmaahiuksinen, moraaliton vanha eukko
rääpäle päättää karata
kuulemma meinaa siivekkäät narrata
illan suussa sama laulu soi
nuorukainen, uusi tähti
vastarintaan asettui ja taivaaseen lähti

Oikea

Mielikuva paratiisistasi ideologiasi perikuvassa
aina äänessä kantavassa hiljaisuudessa
kauas sinkoilee tallentuneet mikrokosmokset
hengitys vaiko hengityksen olemus
eläminen onnettomana elämisen määritelmää vastaan
todistusaineistoa riittää
elinkaudeksi, jääkaudeksi

Hiekkalaatikko

Sydän vailla rantahiekkaa johon hautautua
merta jonka loputonta katsetta kaartaa
taivasta joka sille laulaa iltaisin
maata josta on saava voimansa takaisin

Aikanaan kaikki helpottaa
kerrotaan uutisissa, juorulehdissä
paskapuhetta

Kipu on aina läsnä
hän on ainutlaatuinen seuramies
          kuin kirkon vankka penkki
mittareita myöten täynä muiden höpötyksiä
sydän ei löydä kotiin, etsii selityksiä
hän etsii ratkaisuja ja totuuksia tilanteeseen
silloin hän on missä pitää
tässä ja nyt

Katumus

Oi tuulet, huulet taivaan laulun
kuorot niin kauniin yksinkertaiset
onnen syndrooma, tähdenlento

Tuonpuoleiset suojelkaa
kadottakaa paholaiset
tuolloin minäkin herään pimeydessä
opetukset joista emme koskaan piittaa
niitä aina pitää vastustaa
kunnes tajuamme tehdä jotain

Eräs sielu piti luennon joka aukaisi korvani
on vain kohtalo ja sen määrittämät käsitteet
ja me muurahaiset sen läsnäollessa
olemme onnekkaita, me elämme
toista suojele, varjele

Roina

Tasapaino horjuu

mielenhallinta sortuu

persoonallisuus, siemen suuren ravinteen

häpeän veli virren varressa

olen jonon hännillä

pääni roina minua kouluttaa

kiusaus on kiiho häntäpään

Risteys

Epävakaa

Olen epävakaa, koneisto viallinen
pelle surkuhupaisen sirkuksen
sinut kohtaan, varjelen kuin rakkaintain
saman tien heitän syrjään pelon tähden
kyseenalaistan luonteeni narsismiin
olenhan omahyväinen, kontrolloiva kreivi

Osaanko muuttua, osaanko hyväksyä
elämänlaatu jatkuvassa alennusmyynnissä
maine karkoitetusta itserakkaasta idiootista
siitä joka janoaa egoaan runkattavaksi
kohti kohtaloaan, luulee olevansa tärkeä
ei järkeä aatteissaan
kulkea saa omassa paskassaan
ei kykene muuttumaan, ei osaa sanoa ei
hukatun elämän tunteet vei

Ja nyt sitten muistellaan, suretaan
kuinka hauskaa yhdessä olikaan
matalapaineesta tulee huutava tarve
uhrauksein on ajatus arpinen

olla terve, normaali
elää kuin halutaan ja määritetään
näin ei tällä kertaa
kokeillaan ensi kerralla uudestaan

Risteys

Toisella maan
näen sinut ainiaan
kaunottaren paskaan hukkuneen
en kykene ohi kulkemaan
olemuksesi kiinnostuksen herätti

Kieltämättä näytit olevan avun tarpeessa
mielelläni avitan saamatta kiitosta
persoonan ja luonteenpiirteet näen silmäkulmissa
impulsiivisuus kuin tuhansia tonneja dynamiittia

Venaan kunnes näet kuinka valmis olen
tuomitse, määrittele
se ei muuta mitään
oi kielo, sinua varjelen aina vaan

Ratkaisu

Katkaisuhoidon tarpeessa koko hökkelö
ei käy järkeen että päiväni ryystään myrkkyä
mieleni valtaa pelko, suunnaton aavikko
anna anteeksi isä että en koskaan riitä

Kaikki minulle tuotettu
          karman julistamana päätöksenä
tunnen kuinka vierastan kehoain, sieluain
vaimo oikeutetusti pakkas kamat ja lähti
en ymmärrä, tätäkö se on

Samat verkkarit ylle
taas baariin tätäkin murehtimaan
tunnit kuluvat ja haluan kuolla
muutos pelottaa
olen avuton pelkuri
en osaa kohdata todellisuutta

Milloin tämä alkoi, mikä oli niin vaikeaa
tekosyyt jotka oikeuttavat riippuvuuden
tähän on tultava loppu
itseni tähden

Sinetti

Sydän vielä paikallaan
revitään se iäksi
en tunne, koe mitään
harmaat sävyt vaalean tumman usvan yllä
taajuuksista sanat laululyriikan

Jos olisin onnellinen muistaisinko kaikkea pahalla
olisinko luovuttanut, jäänyt tienpintaan
          itsetuhoisuutta vaalimaan
kallista on vaalia toivoa epätoivon valtakunnassa
lampena erämaan keskipisteessä
sinisilmäisyyttä ylläpitävät pillerit popsin aamukahvilla

Rouhe

Keskikadulla tajuttomana
takavasemmalta rankaisee priima
painajaiset ja päänsärky, ei hellitä siima
migreeni vahvistuu auringon alla

Arskat päähän ja kotiin ottamaan iisisti
ei oo hääviä, tähän en kuulemma saa jäädä
kämpillä hoksaan et lompakko viety
sinne meni hemmetin plussakortti
ei kai se auta kun kirjoitella palstoille
ja vaipua luovuuden hauraaseen koomaan

Räväkkä

Tunnen kuinka perkeleet kiintyvät
muutosprosessi on käynnissä
uhrattu intohimo johtoportaan tähden
elämänsä rooli paljastui kusetukseksi

Päätelmä uuden ytimen
          joka ilmaisee itseään ironialla
kuollut ruumis versojen punoama punavirta
kaunis kuin vastasyntynyt
tervehtikäämme kolmipäistä varjoa
kaikkitietävää isää
messun lippuun nostetaan tuohen tyttö

Soma

Varokaa, tuolta tulee puhuri
se kimalaisen tavoin korviimme kajoaa
aamuinen radiouutinen mainostaa

Taivaanrantaa paistattava kivivyöry on saapumassa
verhot valaisevat puistattavaa maisemaa
hiki virtaa persposkien välissä
tässä säässä rusketus olisi kohdallaan
mikäli pysyy hengissä

Laumaeläin

Satakieli hoilaa kansanloruaan
havahdun ulkoilmasta
        joka vaihtuu kahden minuutin välein
ylösalaisin kääntyy ruuvarit ja tervaskannot
suppea joenvirta kastaa punaviinillä maalattua maisemaa

Hirvi parvi pysähtyy porisemaan
hyväksikäyttäjät eivät enään kestä ainutlaatuisuuttasi
kunhan on oma pää, järki ja helium
niistä askartelen tulen
sen äärellä muistelen Dastraatteja ja Greitsejä
oi niitä aikoja odotellessa

Tarkkailussa

Hei, etkö kuule minua
täytyykö runnoa taas koko naama
huuma ylivertainen
        kuin tatuoidut lauseet rakkaudesta
ruusumatto kera piikkien

Tuliset on naapurin pojan osoitukset
ei ihan joka päiväinen räjähde-ekspertti
aate ja ehtoon vilja kiehuvaksi pöllönpääksi
siitä huolimatta päätyy reissaaja poikamieheksi
hupsista vitun keikkaa
nyt vuorostaan hoilaa hanuri ja polkka

Tirehtööri

Sektorin jälkiportaissa koostumus etsien esimiestään
viikonloppu lomiaan vailla, jatkuvasti pers auki
myönnetään pidempi paussi
        antamalla potkut

Ei auta
asenne kouraan ja nasta lautaan
mummoja päin, eiku perkele Kelaan
paperihommia joka kuukausi
eikä nekään edes riitä
voi vitun vittu

No ei auta marmattaa
pitää saada massia
aika kornia, vara syödä vaan maissia
ei edes muroja taikka puuroo
ja naapurin hipsterit iltasin ikkunalla ulvoo
onneks sentään on katto pään päällä
ei ku helvetti, mähän asun taas äiteellä
se oli surkuhupainen maanantai

Kehykset

Huuda kuinka vastenmieliseltä näytän
ulvo siitä miten kaikki on perseestä
manaa kuinka kotona on paskasta
raivoa huomionpuutteesta
herjaa kropasta, itsetunnosta ja parisuhteesta

Itke onnesta
vapaudesta, rakkaudesta
iloitse läsnäolosta
aurinkoisesta aamusta
maisemista ja hyvästä musasta
annat hetket kauneimmat vierelläin
kanssas oon aina vaan

Piina

Kuinka itkin perääsi
kuinka ylläpidin vihaasi
ne muistot rikkaat suolaiset
pahuus sisälläsi virtaa
sen sinusta kitken
piinan perkeleiden muodostaman

Kroisos

Valvontakamera tunnistaa
            mystisiä manifestaatioita
vaikka kaikki onkin ennallaan
silti vierastaa saan sieluain

Nemo ante mortem beatus

Neito

Painajainen valtaa järjen
tuo synkkä vuori veden ympäröimä
sitä katson, ihastelen
sen kiilto ja kauneus minut vangitsee
aarteillaan sieluni palkitsee

Pyhät maat, kansakunnat
itseni sille tielle hukkasin
musta lammas kartanon porteilla
vapaus, olen vapaa kahleistain

Asenne

Taivaanrannan satakielinen jousiorkesteri
        minua matkaan kuljettaa
tuulen virrat, punaiset langat mukanain
vaikka yksin polkuani päätän kulkea
sen muiden tähden vuoksi teen
ei estä helteet, perkeleet pääsemästä huomiseen

Reissu

Sotatanner

Pupillit verikyynelten
kapinoiva ego kuin valtuutettu solidaarisuus
kirjoitan kaiken tämän hulluuden
ehkä joskus kokonaisuus valkenee
tai kuolen sen äärellä

Polttaa ajatus kadotuksesta
kunnon mies, paskapuhetta
toistuva luuppi jokapäiväinen
psykoosi syvenee
kaikki on hyvin

Suvanto

Kultavuoren kasvot kompassiin hajonneet
pohjoisesta prikaati, etelä ei leiki
lännestä loukattu byrokratia
idästä lukuisia ydinlaakeja
koillinen, kaakko, lounas ja luode
valmiiksi on asetettu kuolinvuoteet

Aarteen herraksi, sielunsa apostoliksi
ahneet perkeleet vaalimassa omaansa
barrikaadit nuorista lapsista
niitähän kyllä joutaa tehdä
missä moraali, empaattisuus
kunnianhimoista kallonporaajaa
historia mielellään muistelee

Syntyperä

Pehmonen kuulemma, lihava ja karvainen
untuvikko monivärinen petolinnun vaatteissa
hyytävän siniset silmät, pelottavan omatoiminen
ei suodata paskaa, draamaa, jonnin joutavia
ei piittaa muista eikä itsestään
suotavaa on kuulla kansanloru alkuperäisestä lähteestä
ennen kuin muodostaa johtopäätöksen

Synnyin ylisuojelevaan syliin
toinen aina duunissa
eikä kyvykäs työstämään tunteita
aina kaikki kuulemma huonosti
ympäristö ei edesauta tilannetta

Kömpelö, hidas
tunteet ei merkkaa mitään
ja kyllä, vanhemmillakin oli rankat lapsuudet
nyt minä tätä paskaa joudun selvittämään
jotta tuleva sukupolvi pääsisi helpommalla

Sinisilmäinen on soturi pimeyden valtakunnassa
kiusattu, pilkattu
koskaan oteta todesta
maskeerattu on tunteet pienestä lähtien
kun ei voida uskoa, saatikka ymmärtää

Nyt parikymmentä vuotta myöhemmin
kaikki edelleen perseellään
työtön, ei kouluja käytynä
ongelmatapaus yhteiskunnalle
selviytymistä päivästä toiseen
en elä saatikka iloitse
tunteet vieraat kuin esiasennetut
ei unelmia, haaveita
tarkoitusta maankamaralla

Etenen, kuten aina
vaikka kuolla haluan niin en voi
jossain kohtaa toivo paremmasta hiipuu
kenties sitä ennen onneni kohtaa saan

Toiveajattelua

Kellotornin tytär
perillinen vailla kosijaa
jokainen uhmattu tuomittu kuolemaan
ei hääviä oo, ei onnea saa
kuka vittu vuorostaan oven takana koputtaa

Häiritsenkö kysyi arkkienkeli
et ollenkaan, taas joku tulossa vai
kyllä, tällä kertaa prikaatin pyöveli
elikkäs hihhuli hupiukko
suosikkiruokaansa lienee kalakukko
vittua sää jaarittelet
olet yksin ajatustesi kanssa
ikihauraisessa psykoosissa

Älämölö

Labroissa nousee lukuisat sokerit
minkäs sille tekee
          kun prosessoi tunteita syömällä
ilo, suru, vitutus
terveen ruokavalion jatkuva hehkutus
lähtee liikakilot ja läski kun jaksaa vaan punnertaa

Itteni vuoks sen teen
tai jääköön tekemättä
älämölöä kuunnella saa tahtomatta
tämäkin on omasta asenteesta kiinni
ei vittu, olkoon sitten

Utopia

Karkoitettu, kartoitettu
säännöt on tehty rikkottaviksi
ilman kontrollia olemme vain
molekyylejä, muurahaisia

Vierastat katsettain kuin olisit minun
tunnet kuinka pelko valtaa verkkovirran
myrkyn lähde kiinteä rivi lihakimpaleita
kuinka kaipaankaan kalavartaita

Pelastus täältä lähtemisen oletus
eli helvetin päälläkö astellaan
miksi sä meet
tuska tulostuu lasikulhooni
et vastaa huutooni
oi järki, sinua muistelen

Yhdyntä

Faktaan kehittyy narsistin juuret
pauloissaan teen hidasta kuolemaa
valehtelua ja valitusta
kusetusta ja manipuloinnin vaalintaa

Kysymykseni heität Jumalallesi
se sinua kieroon katsoo
oikeutat kaiken vääryyden
          kun tahtoas et saa läpi
herra varjelkoon karmaasi
on jo kasvun paikka

Tausta

Kirkon multaan sinut piilotan
olipas se työmaa
istun portaille ihastelemaan
          kauniin avartavaa maisemaa
orava pariskunta toisilleen nalkuttaa
kuin kossit vanhemmilleen

Joskus mietin taustaani
se valtaa mieleni, tunteeni kuin kiljuva seniori
jaahas, taas joku rukoillut väärästä aatteesta
huumorilla otan uutisen vastaan
ja hyppään taikamatollani alitajuntaan

Toiveunta

Kylmä rauta
piinaava routa
hetkeksi istahdan
untenmailla, höyhensaarilla
nuotio palaa aina vaan
sitä näe en koskaan

Unelma

Kun sinusta lapsena haaveilin
kaiket ajat, kyyneleet poskillain
halusin näyttää olevani jotain
pienokainen joka suuruudessa tunnetaan

Nyt se on myöhäistä
olet hukassa, en löydä mistään
oi unelmain minne katosit
tarvitsen sinua jotta merkitsen
ilman sinua en ole mitään
taakka, pohjasakka
katukivi jolla astellaan

Olen vielä nuori
mutta kuollut jo ainiaan
miksi hylkäsit minut
annoin kaikkeni
sieluni, elämäni
enkä sen vuoksi tunne enään mitään
osaa rakastaa, olla onnellinen

Oi unelma,

tule takaisin

sinä määrität minut kauneilla väreilläsi

    harmaansävyisellä paletilla

olet ainut valoni jatkuvassa tuskassa

tunne jonka haluan vielä kerran kokea

ilman sinua hukun varjoihini enkä palaa

ikävöin sinua ystäväin

Tietokanta

Murhaaja kokeva kohtalonsa
kallo täynä reikiä kokeita varten
emolevy päähän asennettu
hyvät on ravintoarvot

Puhdistus suoritettu, pelastus on käsillä
data avustaa sankaruuden sukupuuta
loistakoon uusi kuu
vaalikoon sukupolvea uutta

Apollo

Eilen on nyt ja tulevaisuus todellisuutta
sieltä löydän tämän päivän
mis kerään tähtiä
kuin aakkosia taivaankannelta

Avaruus, vastaa minulle
miksi vierastat, enkö saisi ymmärtää
varjon perukoilla tiedon holvi
vaadin saada oppia, saada tietää

Pakenet aina vaan huomiseen
rukoilet että pysyn tässä
ajan saatossa saan vastaukset
kääröt avaruuden kirjaston

Uusi aika

Ulkopuolelta havaittu uhka
pian se meidät saartaa
saarnaa omasta moraalistaan
mikä oikein, mikä väärin
korkeimmasta tornista tähän kapinoidaan

Tämä jatkuu kauan
neljä vuotta tarkalleen
kynnet kasvavat antureistaan
tuntureista nousee viiltävä ruoska
        joka ihmisen loskaa kitkee

Jumalat vuorten välissä
eivät kotkanpojille mitään mahda
nuo uljaat tekopyhät
        joista paikallislehdessä varoitettiin
aika ironista tuntea iloa kuoleman koputtaessa
kevät olkoon valoisa, aurinkoinen

Seinämä

Riisun egoni ovimatollesi
arvostan kotisi ainutlaatuista katsetta
yöstä toiseen ihastelen katsettas taianomaista
et koskaan pyydä mua poistumaan
otat vaan tiukemmin kiinni
viet minut tulevaisuuteen
jossa sade kirkastaa taivaankantta

Ja siihen herään
katsot minua kuin rakkauden peili
vaikka painajaiset vaalii
aina aurinko viereltäs nousee

Reissu

Radikaali muutos syyskaudella
vaihtuvat maisemat taiteilijan kankaalla
ihmisistä tarpeeksi sain, nyt riitti
täkäläiset meikän kryptoniitti

Aukeaa avaruus ja sen ihmeet
mystinen ja suuri maailmojen valtameri
askel kerrallaan lähestyn tarkoitustani
en saa sanoin kuvailtua, ilmaistua
joten sen kanssa reissaan
kunnes löydän syyn pysähtyä